BIAO ZHUN ZHONG WEN

标准中文

第一级　第一册

课程教材研究所　编著

zhōng wén xué xiào
_____ 中文学校

xìng　　míng
姓　名 _____

人民教育出版社

图书在版编目(CIP)数据

标准中文:第一级 第一册/课程教材研究所编.
—北京:人民教育出版社,1997.12
ISBN 7-107-12368-8

I. 标… II. 课… III. 对外汉语教学-教材 IV. H195.4

中国版本图书馆 CIP 数据核字(97)第26549号

标 准 中 文

BIAO ZHUN ZHONG WEN

第一级 第一册

DI YI JI DI YI CE

课程教材研究所 编著

＊

人民教育出版社出版发行
(100009 中国北京沙滩后街55号)
Fax No•861064010370
Tel No•861064035745
北京民族印刷厂印装

＊

开本 880×1230 1/16 印张 10
1998年1月第1版 1999年1月第2次印刷
ISBN 7-107-12368-8/G•5478(课)

说　明

　　一、标准中文系列教材是为中国赴美国、加拿大等海外留学人员子女和其他有志于学习中文的青少年编写的。全套教材包括《标准中文》九册（分三级，每级三册），《练习册》十二册（分A、B本，与第一、第二级课本配套），《文化读本》三册（与第三级课本配套），以及《教学指导手册》、录音带、录像带等。这套教材由中国课程教材研究所编写，人民教育出版社出版。

　　二、这套教材期望达到的学习目标是，学会汉语拼音，掌握2000个常用汉字，5000个左右常用词，300个左右基本句，能读相当程度的文章，能写三四百字的短文、书信，具有初步的听、说、读、写能力，有一定的自学能力，能在使用汉语言文字地区用中文处理日常事务，并为进一步学习中文和了解中国文化，打下坚实的基础。

　　三、教材编者从学习者的特点出发，在编写过程中努力做到加强针对性，注重科学性，体现实用性，增加趣味性。使教材内容新颖、丰富，练习形式多样，图文并茂，方便教学。

　　四、本册课本是《标准中文》第一级第一册。要求学习者初步掌握汉语拼音，学会126个常用汉字，127个常用词语，29个基本句子，能用普通话熟读每课会话的内容，能仿照基本句说句子。

五、本册共有30课。每课包括"会话""句子""字词""练习"和精美的图画。"会话"围绕主人公在不同场景的活动编写，包括学校生活、家庭生活、同学交往、认识自然等内容，力求能引起学习者的兴趣，有利于训练语言，并适当介绍中国文化。"练习"侧重于字、词、句的复习巩固和观察、阅读、说话能力的培养。本册全文注汉语拼音。书后附有生字表（并注相对应的繁体字）、词语表、汉字笔画名称表、写字笔顺规则表。

六、汉语拼音的学习内容，安排在第一课到第九课。采用语音、语流、汉字相结合的编写方法。每课从会话入手，带出要学的声母、韵母、音节，带出要学的生字、新词。

七、与本册课本配套的有《练习册》、录音带和《教学指导手册》。《练习册》可以用来巩固所学知识，练习书写生字、新词。录音带可以用来学习汉语拼音，练习朗读和说话。《教学指导手册》可供教师教学和家长辅导学生时参考。在适当的时候，本册还将配有录像带，供教师教学和学习者自学之用。

目 录

1 你好 ————————————— 1

2 老师好 ———————————— 8

3 再见 ————————————— 14

4 我家有三口人 —————————— 20

5 我是中国人 ————————— 26

6 他是工程师 ————————— 32

7 我会写 ———————————— 38

8 她叫什么名字 ——————— 44

9 你吃什么 —————————— 50

10 借彩笔 ———————————— 56

11 拍皮球 ———————————— 60

12 我喜欢 ———————————— 64

13 月亮和星星 ————————— 68

14 小鱼 小鸟 —————————— 72

15 大海真美 —————————— 76

综合练习一 ————————— 80

16 电子琴 ———————————— 86

17 不倒翁 ———————————— 90

18 我们一起玩 —————————— 94

19 小猫　小狗 ———————————— 98

20 野生动物园 ———————————— 102

21 猜一猜 ———————————————— 106

22 好看的衣服 ———————————— 110

23 吃饼干 ———————————————— 114

24 做中国菜 —————————————— 118

25 在冰淇淋店里 ———————————— 122

26 买游泳衣 —————————————— 126

27 在自选商场 ———————————— 130

28 祝你生日快乐 ———————————— 134

29 请来我家玩 ———————————— 138

30 去游泳 ———————————————— 142

综合练习二 ———————————— 146

生字表 ———————————————— 150

词语表 ———————————————— 152

汉字笔画名称表 ———————————— 154

写字笔顺规则表 ———————————— 155

1 你好
nǐ hǎo

dà wèi
大卫： nǐ hǎo
你 好！

xiǎo yún
小 云： nǐ hǎo
你 好！

dà wèi
大卫：
big
wǒ jiào dà wèi
我 叫 大 卫。

xiǎo yún
小 云：
little
wǒ jiào xiǎo yún
我 叫 小 云。

你 好！

大 小

大	一	ナ	大
小	亅	小	小

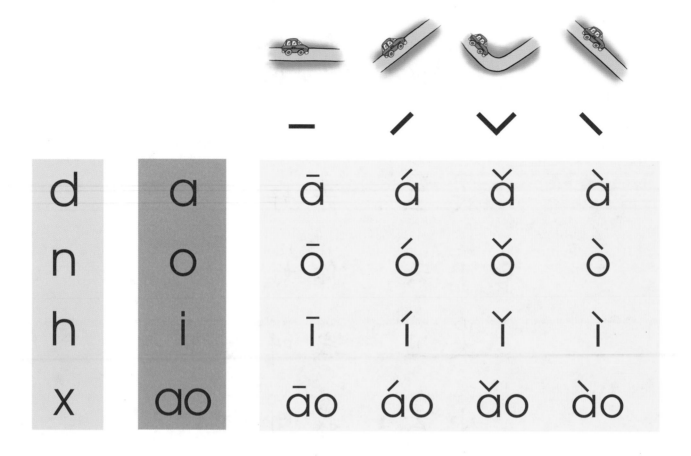

d	a	ā	á	ǎ	à
n	o	ō	ó	ǒ	ò
h	i	ī	í	ǐ	ì
x	ao	āo	áo	ǎo	ào

n－ǐ－nǐ

h－ǎo－hǎo

d－à－dà

x－i－ǎo－xiǎo

dà　　　xiǎo

liàn xí

练 习

kàn yí kàn　　dú yì dú
一、看一看，读一读。

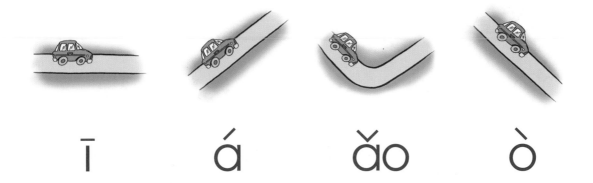

ˉ　　　á　　　ǎo　　　ò

zhǎo yì zhǎo　　dú yì dú
二、找一找，读一读。

hǎo　　nǐ　　dà　　xiǎo

你　　大　　小　　好

四、 读 dú 句 jù 子 zi ， 说 shuō 句 jù 子 zi 。

2　老师好

lǎo shī hǎo

老师：同学们好！
lǎo shī　tóng xué men hǎo
classmates

学生：老师好！
xué shēng　lǎo shī hǎo
Student

老师：我是白老师。
lǎo shī　wǒ shì bái lǎo shī

我教你们中文。
wǒ jiāo nǐ men zhōng wén

现在上课。
xiàn zài shàng kè

同学们好！

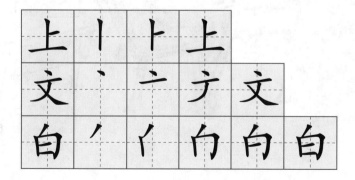

上文白

上	丨	卜	上		
文	丶	二	亇	文	
白	丿	亻	白	白	白

b	e	ē	é	ě	è
m	u	ū	ú	ǔ	ù
l	ai	āi	ái	ǎi	ài
k	en	ēn	én	ěn	èn
sh	ang				
w		āng	áng	ǎng	àng

wu shi

k－è－kè
l－ǎo－lǎo
b－ái－bái
m－en－men
sh－àng－shàng
w－ǒ－wǒ
w－én－wén

wū

shī

练 习

一、看一看，读一读。
kàn yí kàn　dú yì dú

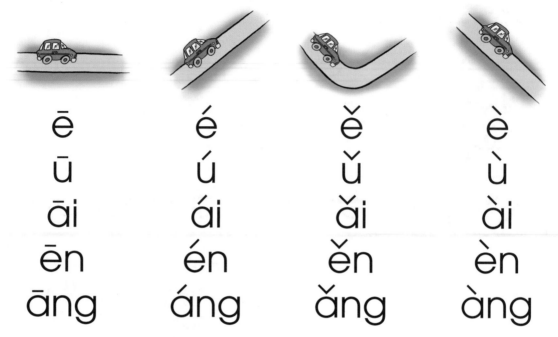

ē	é	ě	è
ū	ú	ǔ	ù
āi	ái	ǎi	ài
ēn	én	ěn	èn
āng	áng	ǎng	àng

二、看一看，读一读。
kàn yí kàn　dú yì dú

bái lǎo shī

bái shū bāo

bái é

bái māo

三、按序号说笔顺。

àn xù hào shuō bǐ shùn

四、读句子，说句子。

dú jù zi shuō jù zi

tóng xué men hǎo
同 学 们 好 ！

lǎo shī hǎo
老 师 好 ！

bái lǎo shī hǎo
白 老 师 好 ！

dà wèi hǎo
大 卫 好 ！

xiǎo yún hǎo
小 云 好 ！

hǎo
_____ 好 ！

3 再见

老师： 下课。

同学们再见！

学生： 谢谢老师。

大卫： 小云再见！

小云： 大卫明天见！

同学们再见！

下 见（見）天

下	一	丁	下	
见	丨	冂	贝	见
天	一	二	天	天

t j z y	üe an ong	üē üé üě üè ān án ǎn àn ōng óng ǒng òng

zi yi yue

t–óng–tóng

x–üé–xué

z–ài–zài

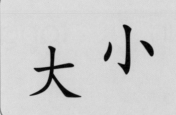

zì

yī

x　　　à — xià

t —　i — ān — tiān

j　　　àn — jiàn

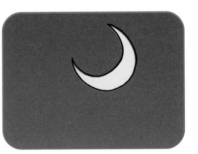

yuè

_{liàn} _{xí}
练 习

一、_{kàn yí kàn} _{dú yì dú}
看一看，读一读。

xiā	xué	zǐ	zài
jiāo	bái	lǎo	yuè
tiān	tóng	xiǎo	jiàn

二、_{pīn yì pīn} _{dú yì dú}
拼一拼，读一读。

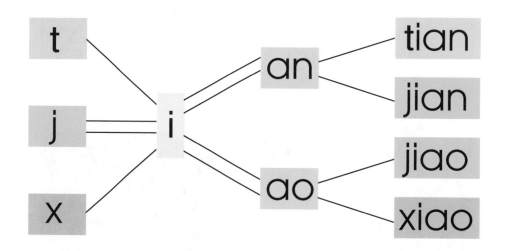

三 、 读 一 读 ， 想 一 想 。

dà　　　　xiǎo
大　　　　小

shàng　　xià
上　　　下

dú jù zi　　shuō jù zi

四 、 读 句 子 ， 说 句 子 。

tóng xué men zài jiàn
同 学 们 再 见 ！

xiǎo yún zài jiàn
小 云 再 见 ！

dà wèi zài jiàn
大 卫 再 见 ！

　　　　zài jiàn
——— 再 见 ！

4 我家有三口人

大卫： 小云，你家有几口人？

小云： 我家有三口人。

大卫： 都有谁？

小云： 有爸爸、妈妈和我。

我家有三口人。

人 三 口

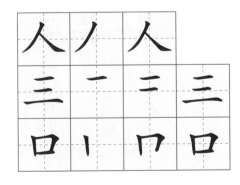

s	ui	uī	uí	uǐ	uì
r	ou	ōu	óu	ǒu	òu

b—à—bà   k—ǒu—kǒu

m—ā—mā   d—ōu—dōu

j—ǐ—jǐ   y—ǒu—yǒu

h—é—hé   s—ān—sān

sh—uí—shuí   r—én—rén

j—i—ā—jiā

si   ri

sī

rì

22

练 习 ＜liàn xí＞

一、拼一拼，读一读。＜pīn yì pīn dú yì dú＞

二、 shuō shuo bǐ huà míng chēng 说说笔画名称。

三、 kàn yí kàn dú yì dú 看一看，读一读。

hē shuǐ

bà ba

sān rén

mā ma

四、　读句子，说句子。

wǒ jiā yǒu sān kǒu rén
我 家 有 三 口 人 。

wǒ yǒu bà ba mā ma
我 有 爸 爸 、妈 妈 。

wǒ yǒu
我 有 ＿＿＿＿＿＿＿

xué xiào yǒu lǎo shī tóng xué
学 校 有 老 师 、同 学 。

yǒu
＿＿＿ 有 ＿＿＿＿＿＿＿

wǒ shì zhōng guó rén
5 我是中国人

dà wèi　　wǒ de bà ba 、 mā ma shì měi guó rén
大卫：我的爸爸、妈妈是美国人。

xiǎo yún　　wǒ de bà ba 、 mā ma shì zhōng guó rén
小云：我的爸爸、妈妈是中国人。

wǒ yě shì zhōng guó rén
我也是中国人。

wǒ gāng lái měi guó
我刚来美国。

我是中国人。

卫（衛）云（雲）中

卫	ㄱ	ㄗ	卫	
云	一	二	云	云
中	丶	冂	口	中

zh f	ei	ēi	éi	ěi	èi
ch g	ün	ūn	ún	ǔn	ùn

zhi chi yun

f—ēi—fēi

w—èi—wèi

m—ěi—měi

g—āng—gāng

zh—ōng—zhōng

g—u—ó—guó

d—e—de

zhī

chī

yún

liàn xí
练 习

一、看一看，读一读。
kàn yí kàn dú yì dú

dà wèi chàng gē.
xiǎo yún tiào wǔ.
tóng xué men yóu yǒng.

二、说说它们在什么地方找到了爱吃
shuō shuo tā men zài shén me dì fāng zhǎo dào le ài chī
的东西。
de dōng xi

shàng
上
zhōng
中
xià
下

三、<ruby>说<rt>shuō</rt></ruby><ruby>说<rt>shuo</rt></ruby><ruby>笔<rt>bǐ</rt></ruby><ruby>顺<rt>shùn</rt></ruby><ruby>和<rt>hé</rt></ruby><ruby>笔<rt>bǐ</rt></ruby><ruby>画<rt>huà</rt></ruby><ruby>数<rt>shù</rt></ruby>。

四、<ruby>读<rt>dú</rt></ruby> <ruby>句<rt>jù</rt></ruby> <ruby>子<rt>zi</rt></ruby>，<ruby>说<rt>shuō</rt></ruby> <ruby>句<rt>jù</rt></ruby> <ruby>子<rt>zi</rt></ruby>。

<ruby>我<rt>wǒ</rt></ruby> <ruby>是<rt>shì</rt></ruby> <ruby>中<rt>zhōng</rt></ruby> <ruby>国<rt>guó</rt></ruby> <ruby>人<rt>rén</rt></ruby>。

<ruby>大<rt>dà</rt></ruby> <ruby>卫<rt>wèi</rt></ruby> <ruby>是<rt>shì</rt></ruby> <ruby>美<rt>měi</rt></ruby> <ruby>国<rt>guó</rt></ruby> <ruby>人<rt>rén</rt></ruby>。

<ruby>他<rt>tā</rt></ruby> <ruby>是<rt>shì</rt></ruby> <ruby>老<rt>lǎo</rt></ruby> <ruby>师<rt>shī</rt></ruby>。

<ruby>他<rt>tā</rt></ruby> <ruby>是<rt>shì</rt></ruby> ＿＿＿＿＿

＿＿ <ruby>是<rt>shì</rt></ruby> ＿＿＿＿＿

6　他是工程师

tā shì gōng chéng shī

xiǎo yún　　　dà wèi　　nǐ mā ma shì yī shēng ma
小 云 ：　大 卫 ，你 妈 妈 是 医 生 吗 ？

dà wèi　　　wǒ mā ma shì yī shēng
大 卫 ：　我 妈 妈 是 医 生 。

xiǎo yún　　　nǐ bà ba yě shì yī shēng ma
小 云 ：　你 爸 爸 也 是 医 生 吗 ？

dà wèi　　　wǒ bà ba bú shì yī shēng
大 卫 ：　我 爸 爸 不 是 医 生 。

tā shì gōng chéng shī
他 是 工 程 师 。

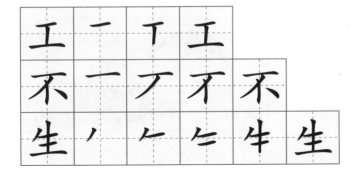

我 爸 爸 不 是 医 生 。

工 不 生

工	一	丁	工		
不	一	丆	不	不	
生	丿	亻	匕	牛	生

q	ie	iē	ié	iě	iè
	eng	ēng	éng	ěng	èng

b－ú－bú

t －ā－ tā

ch－éng－chéng

sh－ēng－shēng

q－i－à－qià

q－i－án－qián

q－i－āng－qiāng

q－i－óng－qióng

ye

q-í-qí

yé ye

q-i-áo-qiáo

yē zi

练 习
liàn　　xí

àn shùn xu dú yì dú
一、按 顺 序 读 一 读。

二、<ruby>看<rt>kàn</rt></ruby> <ruby>一<rt>yí</rt></ruby> <ruby>看<rt>kàn</rt></ruby>，<ruby>读<rt>dú</rt></ruby> <ruby>一<rt>yì</rt></ruby> <ruby>读<rt>dú</rt></ruby>。

gōng chéng shī　　　　yī shēng　　　　xué shēng

三、<ruby>说<rt>shuō</rt></ruby> <ruby>笔<rt>bǐ</rt></ruby> <ruby>顺<rt>shùn</rt></ruby>，<ruby>找<rt>zhǎo</rt></ruby> <ruby>笔<rt>bǐ</rt></ruby> <ruby>画<rt>huà</rt></ruby> <ruby>数<rt>shù</rt></ruby>。

2画　3画　4画　5画

人　不　工　生

dú jù zi   shuō jù zi

四、读句子，说句子。

bà ba bú shì yī shēng
爸爸不是医生。

bà ba shì gōng chéng shī
爸爸是工程师。

mā ma bú shì jiào shī
妈妈不是教师。

mā ma shì yī shēng
妈妈是医生。

xiǎo yún bú shì
小云不是_____

xiǎo yún shì
小云是_____

7　我　会　写

大卫：妈妈，你好！

妈妈：你回来啦！
今天你学了什么？

大卫：今天我学了四个汉字，
五个词。

妈妈：你会写吗？

大卫：我会写。

我会写。

了　五　四

了	了	了	
五	一	丆	五	五
四	⎪	冂	贝	四	四

c　iu　iū　iú　iǔ　iù

in　īn　ín　ǐn　ìn

ci　yin

n—iú—niú

g—è—gè

j—īn—jīn

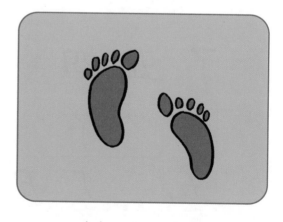

cí　qì

x—iě—xiě

h—uì—huì

sh—én—shén

l—e—le

m—e—me

jiǎo　yìn

<ruby>练<rt>liàn</rt></ruby> <ruby>习<rt>xí</rt></ruby>

一、<ruby>看<rt>kàn</rt></ruby> <ruby>一<rt>yí</rt></ruby> <ruby>看<rt>kàn</rt></ruby>，<ruby>读<rt>dú</rt></ruby> <ruby>一<rt>yì</rt></ruby> <ruby>读<rt>dú</rt></ruby>。

yīn	yín	yǐn	yìn
niū	niú	niǔ	niù

jīn	rén	nǐ	gè
jiā	yún	yě	zài
fēi	shén	xiě	huì
sān	chéng	yǒu	wèi

三、<ruby>看<rt>kàn</rt></ruby><ruby>一<rt>yí</rt></ruby><ruby>看<rt>kàn</rt></ruby>，<ruby>读<rt>dú</rt></ruby><ruby>一<rt>yì</rt></ruby><ruby>读<rt>dú</rt></ruby>。

四、<ruby>读<rt>dú</rt></ruby><ruby>句<rt>jù</rt></ruby><ruby>子<rt>zi</rt></ruby>，<ruby>说<rt>shuō</rt></ruby><ruby>句<rt>jù</rt></ruby><ruby>子<rt>zi</rt></ruby>。

<ruby>大<rt>dà</rt></ruby><ruby>卫<rt>wèi</rt></ruby><ruby>会<rt>huì</rt></ruby><ruby>写<rt>xiě</rt></ruby><ruby>汉<rt>hàn</rt></ruby><ruby>字<rt>zì</rt></ruby>。

<ruby>小<rt>xiǎo</rt></ruby><ruby>云<rt>yún</rt></ruby><ruby>会<rt>huì</rt></ruby><ruby>跳<rt>tiào</rt></ruby><ruby>舞<rt>wǔ</rt></ruby>。

<ruby>妈<rt>mā</rt></ruby><ruby>妈<rt>ma</rt></ruby><ruby>会<rt>huì</rt></ruby><ruby>游<rt>yóu</rt></ruby><ruby>泳<rt>yǒng</rt></ruby>。

<ruby>爸<rt>bà</rt></ruby><ruby>爸<rt>ba</rt></ruby><ruby>会<rt>huì</rt></ruby><ruby>骑<rt>qí</rt></ruby><ruby>马<rt>mǎ</rt></ruby>。

<ruby>我<rt>wǒ</rt></ruby><ruby>会<rt>huì</rt></ruby>_____

_____<ruby>会<rt>huì</rt></ruby>_____

43

**8**

她 叫 什么 名字

xiǎo yún   bà ba   wǒ rèn shi yí gè xīn péng yǒu
小 云：爸 爸 ，我 认 识 一 个 新 朋 友 。

bà ba   tā shì nán hái ma
爸 爸 ：他 是 男 孩 吗 ？

xiǎo yún   bù   tā shì nǚ hái
小 云：不 ， 她 是 女 孩 。

bà ba   tā jiào shén me míng zi
爸 爸 ：她 叫 什 么 名 字 ？

xiǎo yún   tā jiào hǎi lún
小 云：她 叫 海 伦 。

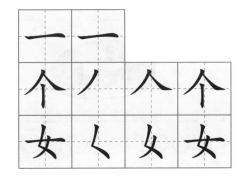

一 个（個）女

一	一		
个	丿	个	个
女	乚	夊	女

p	ü	ū	ú	ǔ	ù
	un	ūn	ún	ǔn	ùn
	ing	īng	íng	ǐng	ìng

n—ǔ—nǔ

n—án—nán

x—īn—xīn

h—ǎi—hǎi

l—ún—lún

m—íng—míng

p—éng—péng

jīn   yú

lǎo   yīng

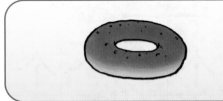

yuán   quān

àn shùn xu dú yì dú
一、按 顺 序 读 一 读。

二、 ^{pīn yì pīn} 拼一拼， ^{dú yì dú} 读一读。

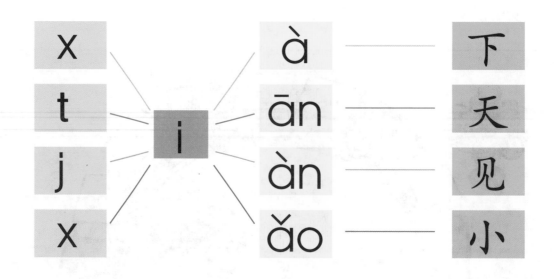

x		à ── 下
t	i	ān ── 天
j		àn ── 见
x		ǎo ── 小

三、 ^{kàn yí kàn} 看一看， ^{dú yì dú} 读一读。

bà ba
nán
mā ma
nǚ 女
nán hái
nǚ 女 hái

四、读句子，说句子。
dú jù zi　shuō jù zi

tā jiào hǎi lún
她 叫 海 伦 。

tā jiào xiǎo yún
她 叫 小 云 。

tā jiào dà wèi
他 叫 大 卫 。

tā jiào
他 叫 _____

jiào
___ 叫 _____

9 你吃什么

妈妈： 你们吃什么水果？

爸爸： 我吃香蕉。

大卫： 我吃西瓜。

妈妈你吃什么？

妈妈： 我也吃西瓜。

我吃西瓜。

水 西 果(菓)

水	丨	汈	水	水		
西	一	一	襾	襾	西	西
果	丶	曱	曱	旦	旦	甲	果	果

er ēr ér ěr èr

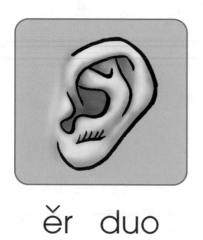

ěr duo

x—ī—xī

g—u—ā—guā

x—i—āng—xiāng

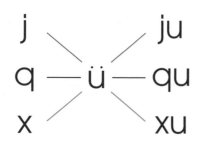

j   ju
q —ü— qu
x   xu

j   jun
q —ün—qun
x   xun

j   jue
q —üe—que
x   xue

xuǎn zé zhèng què de dú yì dú
一、选择正确的读一读。

ju   jü

qu   qü

xu   xü

yun   yün

二、看一看，读一读。

三、说笔顺，再找笔画数。
shuō bǐ shùn zài zhǎo bǐ huà shù

四、读句子，说句子。
dú jù zi shuō jù zi

wǒ chī xī guā
我 吃 西 瓜 。

bà ba chī xiāng jiāo
爸 爸 吃 香 蕉 。

xiǎo yún chī
小 云 吃 _____

chī
_____ 吃 _____

10 借彩笔

小云：这是你的彩色铅笔吗？

海伦：这是我的彩色铅笔。

小云：你有红铅笔吗？

海伦：我没有红铅笔。

我有绿铅笔。

小云：借我用用好吗？

海伦：好。

我没有红铅笔。

用有红（红）

用	丿	几	月	月	用
有	一	ナ	才	冇	有	有
红	㇜	㇛	纟	纟	纩	红

lián xí
练 习

àn shùn xu dú yì dú
一、按 顺 序 读 一 读。

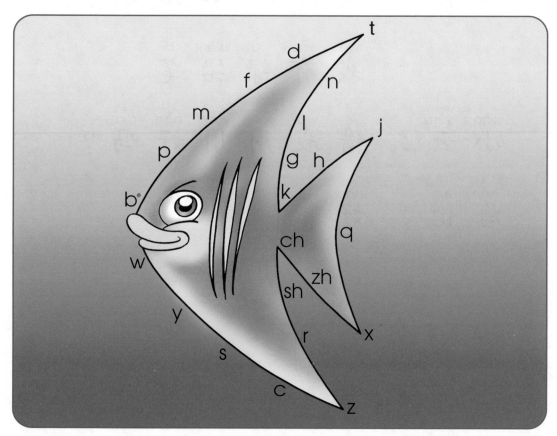

二、看图，读一读。

三、读句子，说句子。

wǒ méi yǒu hóng qiān bǐ
我 没 有 红 铅 笔 。

hǎi lún méi yǒu
海 伦 没 有 ＿＿＿＿＿

dà wèi jiā méi yǒu nǚ hái
大 卫 家 没 有 女 孩 。

xiǎo yún jiā méi yǒu
小 云 家 没 有 ＿＿＿＿＿

méi yǒu
＿＿＿＿ 没 有 ＿＿＿＿

11 拍 皮 球

海伦：我 们 都 来 拍 皮 球 。

大卫：我 来 拍 ， 小 云 数 。

小云：一 、 二 、 三 、 四 、 五 。

海伦：我 来 拍 ， 你 们 数 。

大卫：一 、 二 、 三 、 四 、 五 。

小云：六 、 七 、 八 、 九 、 十 。

二 七 八 九 十 六

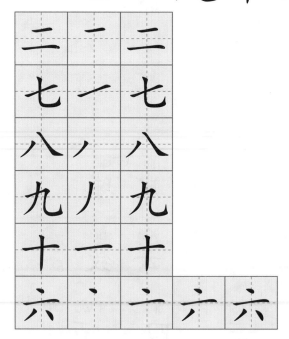

àn shùn xu dú yì dú
一、按 顺 序 读 一 读。

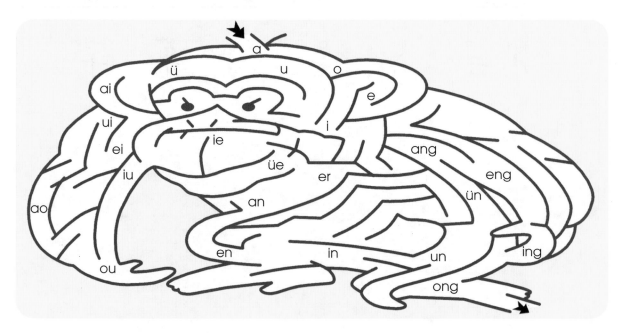

二、<ruby>看<rt>kàn</rt></ruby><ruby>图<rt>tú</rt></ruby>，<ruby>说<rt>shuō</rt></ruby><ruby>说<rt>shuo</rt></ruby><ruby>每<rt>měi</rt></ruby><ruby>种<rt>zhǒng</rt></ruby><ruby>水<rt>shuǐ</rt></ruby><ruby>果<rt>guǒ</rt></ruby><ruby>有<rt>yǒu</rt></ruby><ruby>几<rt>jǐ</rt></ruby><ruby>个<rt>gè</rt></ruby>。

三、<ruby>先<rt>xiān</rt></ruby><ruby>看<rt>kàn</rt></ruby><ruby>图<rt>tú</rt></ruby><ruby>读<rt>dú</rt></ruby>，<ruby>再<rt>zài</rt></ruby><ruby>按<rt>àn</rt></ruby><ruby>顺<rt>shùn</rt></ruby><ruby>序<rt>xu</rt></ruby><ruby>读<rt>dú</rt></ruby>。

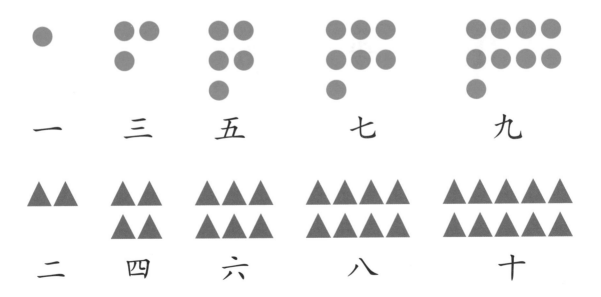

一　三　五　七　九

二　四　六　八　十

12　我喜欢
（wǒ xǐ huān）

老师：大卫，你喜欢踢足球吗？
（lǎo shī）（dà wèi nǐ xǐ huān tī zú qiú ma）

大卫：我喜欢踢足球。
（dà wèi）（wǒ xǐ huān tī zú qiú）

老师：小云，你喜欢玩什么球？
（lǎo shī）（xiǎo yún nǐ xǐ huān wán shén me qiú）

小云：<ruby>我<rt>wǒ</rt></ruby><ruby>喜<rt>xǐ</rt></ruby><ruby>欢<rt>huān</rt></ruby><ruby>打<rt>dǎ</rt></ruby><ruby>乒<rt>pīng</rt></ruby><ruby>乓<rt>pāng</rt></ruby><ruby>球<rt>qiú</rt></ruby>。
(xiǎo yún)

大卫：<ruby>老<rt>lǎo</rt></ruby><ruby>师<rt>shī</rt></ruby>，<ruby>你<rt>nǐ</rt></ruby><ruby>喜<rt>xǐ</rt></ruby><ruby>欢<rt>huān</rt></ruby><ruby>玩<rt>wán</rt></ruby><ruby>什<rt>shén</rt></ruby><ruby>么<rt>me</rt></ruby><ruby>球<rt>qiú</rt></ruby>？
(dà wèi)

老师：<ruby>我<rt>wǒ</rt></ruby><ruby>喜<rt>xǐ</rt></ruby><ruby>欢<rt>huān</rt></ruby><ruby>打<rt>dǎ</rt></ruby><ruby>网<rt>wǎng</rt></ruby><ruby>球<rt>qiú</rt></ruby>。
(lǎo shī)

我喜欢踢足球。

么（麼）什足我

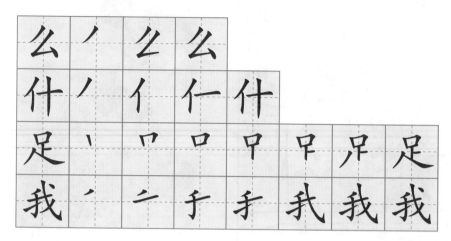

么	㇉	么	么			
什	㇒	亻	仁	什		
足	㇒	口	口	甼	묘	足
我	㇒	二	手	手	我	我

pīn yì pīn
一、拼一拼。

二、

二、 *zhǎo péng yǒu* 找朋友，*dú yì dú* 读一读。

tī 踢　　*dǎ* 打　　*pāi* 拍

三、 *dú jù zi* 读句子，*shuō jù zi* 说句子。

wǒ xǐ huān tī zú qiú
我喜欢踢足球。

dà wèi xǐ huān chī shuǐ guǒ
大卫喜欢吃水果。

hǎi lún xǐ huān
海伦喜欢 _____

_____ *xǐ huān* 喜欢 _____

13　月亮和星星
yuè liang hé xīng xing

妈妈：小云，天上有什么？
mā ma　xiǎo yún　tiān shang yǒu shén me

小云：天上有月亮和星星。
xiǎo yún　tiān shang yǒu yuè liang hé xīng xing

妈妈：月亮什么样？
mā ma　yuè liang shén me yàng

小云：月亮弯弯的。
xiǎo yún　yuè liang wān wān de

妈妈：星星什么样？
mā ma　xīng xing shén me yàng

小云：星星亮闪闪的。
xiǎo yún　xīng xing liàng shǎn shǎn de

月亮弯弯的。

月 和 的 星

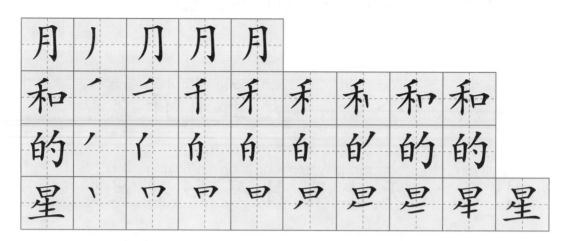

月	丿	刀	月	月			
和	丿	二	千	禾	禾	禾	和	和
的	丿	亻	白	白	白	的	的
星	丶	口	日	旦	昌	星	星	星

liàn xí
练 习

kàn tú   dú yì dú
一、看图，读一读。

xīng	xīng	xing
星	星	星
yuè	yuè	liang
月	月	亮
xī	xī	guā
西	西	瓜
shuǐ	shuǐ	guǒ
水	水	果
de	wān	wān de
的	弯	弯 的
hé	hóng de	hé lù de
和	红 的	和 绿 的

二、
说说红色笔画的名称。

云　　月　　西　　女

水　　九　　我　　红

三、
dú jù zi　　shuō jù zi
读句子，说句子。

yuè liang wān wān de
月亮弯弯的。

hé shuǐ qīng qīng de
河水清清的。

tiān kōng lán lán de
天空蓝蓝的。

zú qiú
足球＿＿＿＿＿

14 小鱼 小鸟

xiǎo yú   xiǎo niǎo

lǎo shī
老师：xiǎo yú zài nǎ lǐ 小鱼在哪里？

dà wèi
大卫：xiǎo yú zài shuǐ lǐ 小鱼在水里。

xiǎo yún
小云：xiǎo yú zài shuǐ lǐ yóu 小鱼在水里游。

老师：小鸟在哪里？
lǎo shī　xiǎo niǎo zài nǎ lǐ

海伦：小鸟在天上。
hǎi lún　xiǎo niǎo zài tiān shang

小云：小鸟在天上飞。
xiǎo yún　xiǎo niǎo zài tiān shang fēi

小鱼在水里。

飞(飛)鸟(鳥)在鱼(魚)

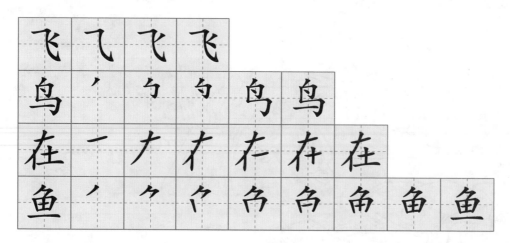

dú zhǔn zì yīn

一、读准字音。

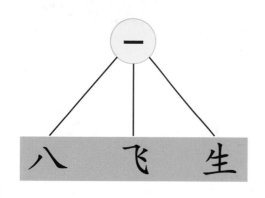

八 飞 生

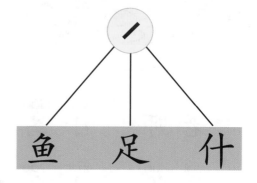

鱼 足 什

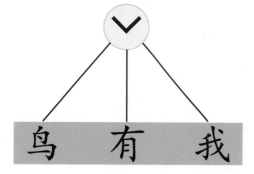

鸟 有 我

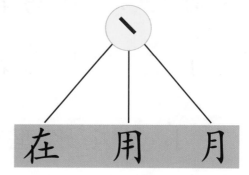

在 用 月

二、 <ruby>说<rt>shuō</rt></ruby> <ruby>说<rt>shuo</rt></ruby> <ruby>笔<rt>bǐ</rt></ruby> <ruby>顺<rt>shùn</rt></ruby> <ruby>和<rt>hé</rt></ruby> <ruby>笔<rt>bǐ</rt></ruby> <ruby>画<rt>huà</rt></ruby> <ruby>数<rt>shù</rt></ruby>。

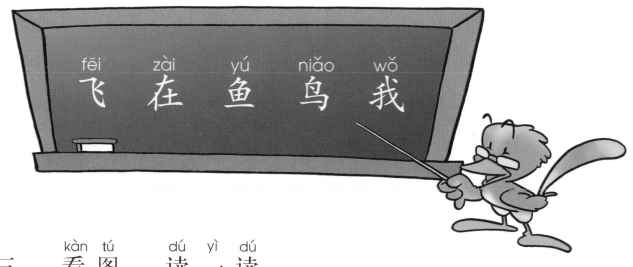

<ruby>飞<rt>fēi</rt></ruby> <ruby>在<rt>zài</rt></ruby> <ruby>鱼<rt>yú</rt></ruby> <ruby>鸟<rt>niǎo</rt></ruby> <ruby>我<rt>wǒ</rt></ruby>

三、 <ruby>看<rt>kàn</rt></ruby> <ruby>图<rt>tú</rt></ruby>，<ruby>读<rt>dú</rt></ruby> <ruby>一<rt>yì</rt></ruby> <ruby>读<rt>dú</rt></ruby>。

<ruby>天<rt>tiān</rt></ruby> <ruby>上<rt>shang</rt></ruby> <ruby>一<rt>yí</rt></ruby> <ruby>个<rt>gè</rt></ruby> <ruby>月<rt>yuè</rt></ruby> <ruby>亮<rt>liang</rt></ruby>。

<ruby>水<rt>shuǐ</rt></ruby> <ruby>中<rt>zhōng</rt></ruby> <ruby>一<rt>yí</rt></ruby> <ruby>个<rt>gè</rt></ruby> <ruby>月<rt>yuè</rt></ruby> <ruby>亮<rt>liang</rt></ruby>。

<ruby>天<rt>tiān</rt></ruby> <ruby>上<rt>shang</rt></ruby> <ruby>的<rt>de</rt></ruby> <ruby>月<rt>yuè</rt></ruby> <ruby>亮<rt>liang</rt></ruby> <ruby>在<rt>zài</rt></ruby> <ruby>水<rt>shuǐ</rt></ruby> <ruby>里<rt>lǐ</rt></ruby>。

<ruby>水<rt>shuǐ</rt></ruby> <ruby>里<rt>lǐ</rt></ruby> <ruby>的<rt>de</rt></ruby> <ruby>月<rt>yuè</rt></ruby> <ruby>亮<rt>liang</rt></ruby> <ruby>在<rt>zài</rt></ruby> <ruby>天<rt>tiān</rt></ruby> <ruby>上<rt>shang</rt></ruby>。

四、 <ruby>读<rt>dú</rt></ruby> <ruby>句<rt>jù</rt></ruby> <ruby>子<rt>zi</rt></ruby>，<ruby>说<rt>shuō</rt></ruby> <ruby>句<rt>jù</rt></ruby> <ruby>子<rt>zi</rt></ruby>。

<ruby>小<rt>xiǎo</rt></ruby> <ruby>鱼<rt>yú</rt></ruby> <ruby>在<rt>zài</rt></ruby> <ruby>水<rt>shuǐ</rt></ruby> <ruby>里<rt>lǐ</rt></ruby>。

<ruby>小<rt>xiǎo</rt></ruby> <ruby>鸟<rt>niǎo</rt></ruby> <ruby>在<rt>zài</rt></ruby> <ruby>天<rt>tiān</rt></ruby> <ruby>上<rt>shang</rt></ruby>

<ruby>小<rt>xiǎo</rt></ruby> <ruby>云<rt>yún</rt></ruby> <ruby>在<rt>zài</rt></ruby> <ruby>家<rt>jiā</rt></ruby> <ruby>里<rt>lǐ</rt></ruby>

——— <ruby>在<rt>zài</rt></ruby> <ruby>学<rt>xué</rt></ruby> <ruby>校<rt>xiào</rt></ruby> <ruby>里<rt>lǐ</rt></ruby>。

——— <ruby>在<rt>zài</rt></ruby> ———

15 大海真美
dà hǎi zhēn měi

海伦（hǎi lún）：爸爸（bà ba），这里真美（zhè lǐ zhēn měi）！

爸爸（bà ba）：你看到什么了（nǐ kàn dào shén me le）？

海伦（hǎi lún）：我看到蓝色的海水（wǒ kàn dào lán sè de hǎi shuǐ），
白色的浪花（bái sè de làng huā）。

wǒ hái kàn dào hǎi ōu zài fēi
我还看到海鸥在飞。

mā ma yuǎn chù ne
妈妈：远处呢？

hǎi lún yuǎn chù yǒu dà lún chuán hé xiǎo fān chuán
海伦：远处有大轮船和小帆船。

我看到蓝色的海水。

里（裏）你美看

里	丶	口	日	旦	甲	甲	里		
你	丿	亻	亻	亻	你	你	你		
美	丶	丷	丷	丷	羊	羊	羊	美	
看	一	二	三	手	耒	看	看	看	看

liàn xí

练 习

kàn tú　dú yì dú
一、看图，读一读。

zhi	chi	shi	ri
zi	ci	si	yi
wu	yu	ye	yue
yuan	yin	yun	ying

二、

dú yì dú ， zài kǒu tóu zǔ cí yǔ
读一读，再口头组词语。

kàn　　　kàn dào　　　kàn jiàn
看　　　看到　　　看见

lǐ　　　shuǐ lǐ　　　jiā lǐ
里　　　水里　　　家里

měi　　　měi guó　　　zhēn měi
美　　　美国　　　真美

三、

dú jù zi ， shuō jù zi
读句子，说句子。

wǒ kàn dào lán sè de hǎi shuǐ
我看到蓝色的海水。

wǒ kàn dào bái sè de làng huā
我看到白色的浪花。

xiǎo yún kàn dào xiǎo niǎo zài fēi
小云看到小鸟在飞。

dà wèi kàn dào
大卫看到＿＿＿＿＿

　　　　kàn dào
＿＿＿看到＿＿＿＿＿

dú yì dú

一、读一读。

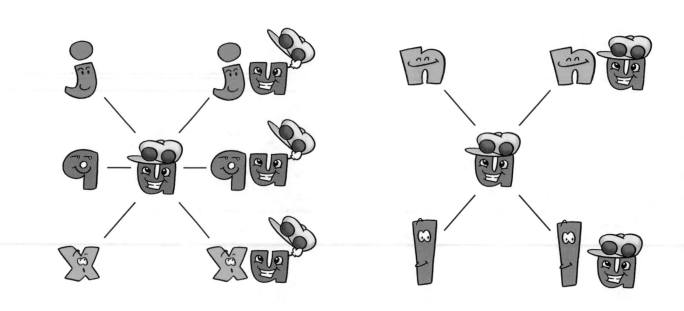

dú zhǔn zì yīn

二、读准字音。

一	／	∨	＼	qīng shēng 轻声
工 飞 中 星 生	十 云 文 足 鱼	女 有 你 我 美	六 见 月 在 看	了 么 的 们

四、 dú yì dú
读 一 读 。

dà de　　　　　hóng de　　　　　wǒ de
大 的　　　　　红 的　　　　　我 的

xiǎo de　　　　bái de　　　　　nǐ de
小 的　　　　　白 的　　　　　你 的

wǒ hé nǐ　　　　　　　　xiǎo niǎo hé xiǎo yú
我 和 你　　　　　　　　小 鸟 和 小 鱼

xiǎo yún hé dà wèi　　　　xīng xing hé yuè liang
小 云 和 大 卫　　　　　星 星 和 月 亮

五、 zhǎo yì zhǎo　dú yì dú
找 一 找 ， 读 一 读 。

小　　　　　云
白　　　　　鸟
看　　　　　果
水　　　　　么
什　　　　　见

六、读一读。

tiān shang yǒu bái yún
天 上 有 白 云 。

tiān shang hái yǒu xiǎo niǎo
天 上 还 有 小 鸟 。

wǒ kàn jiàn xiǎo niǎo hé bái yún
我 看 见 小 鸟 和 白 云 。

dú jù zi   shuō jù zi
七、读 句 子 , 说 句 子 。

wǒ yǒu lán qiān bǐ
我 有 蓝 铅 笔 。

yǒu
_____ 有 _____

dà wèi bú shì zhōng guó rén
大 卫 不 是 中 国 人 。

bú shì
_____ 不 是 _____

hǎi lún xǐ huān xué zhōng wén
海 伦 喜 欢 学 中 文 。

xǐ huān
_____ 喜 欢 _____

八、读儿歌。

chūn fēng chuī
春 风 吹 ，

chūn fēng chuī
春 风 吹 ，

chuī lù le liǔ shù
吹 绿 了 柳 树 ，

chuī hóng le táo huā
吹 红 了 桃 花 。

chuī lái le yàn zi
吹 来 了 燕 子 ，

chuī xǐng le qīng wā
吹 醒 了 青 蛙 。

九、读一读，记一记。
dú yì dú　jì yí jì

b p m f　　d t n l
g k h　　　j q x
zh ch sh r　z c s
y　　　　　w

a o e　　　i u ü
ai ei ui ao ou iu ie üe er
an en in un ün
ang eng ing ong

zhi chi shi ri zi ci si
yi wu yu
ye yue yuan
yin yun ying

16 电子琴

小云： 这是什么？

大卫： 这是电子琴。

小云： 你会弹吗？

大卫： 会。

小云： 我不会弹。

你教我好吗？

大卫： 好。

这是电子琴。

子 电（電）会（會）这（這）是

子	了	了	子					
电	丶	冂	曰	日	电			
会	丿	人	仝	今	会	会		
这	丶	亠	方	文	文	辽	这	
是	丨	冂	曰	日	旦	早	昆	昆	是

liàn   xí
练 习

kàn tú   dú yì dú
一、看图，读一读。

diàn huà jī
电 话 机

diàn shì jī
电 视 机

diàn zǐ qín
电 子 琴

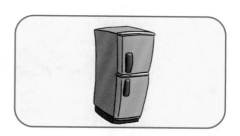

diàn bīng xiāng
电 冰 箱

二、说笔顺，再找笔画数。
_{shuō bǐ shùn}　　_{zài zhǎo bǐ huà shù}

三、读句子，说句子。
_{dú jù zi}　_{shuō jù zi}

zhè shì diàn zǐ qín
这 是 电 子 琴 。

zhè shì xiǎo tí qín
这 是 小 提 琴 。

zhè shì zú qiú
这 是 足 球 。

zhè shì bīng xié
这 是 冰 鞋 。

zhè shì
这 是 _____

17 不倒翁

bù dǎo wēng

dà wèi
大卫：nà shì shén me 那是什么？

xiǎo yún
小云：nà shì bù dǎo wēng 那是不倒翁。

dà wèi
大卫：wèi shén me jiào bù dǎo wēng 为什么叫不倒翁？

小云：它是推不倒的。

大卫：真的吗？我试一试。
不倒翁真好玩。

那是不倒翁。

为（為）叫那好玩

为	、	丷	为	为			
叫	丨	口	口	叫	叫		
那	𠃌	ㅋ	彐	爿	那	那	
好	ㄑ	夕	女	奵	奵	好	
玩	一	二	干	王	玌	玗	玩

lián xí
练 习

zhǎo yì zhǎo   dú yì dú
一、找一找，读一读。

nà   wán   hǎo   wèi   jiào

kàn tú　　dú yì dú

二、看图，读一读。

zhè shì wá wa
这 是 娃 娃 。

nà shì xiǎo xióng
那 是 小 熊 。

dú jù zi　　shuō jù zi

三、读句子，说句子。

nà shì bù dǎo wēng
那 是 不 倒 翁 。

nà shì wán jù qiāng
那 是 玩 具 枪 。

nà shì diàn huà jī
那 是 电 话 机 。

nà shì diàn shì jī
那 是 电 视 机 。

nà shì
那 是 _____

18　我 们 一 起 玩

大卫：你喜欢玩遥控汽车吗？

小云：我不喜欢玩遥控汽车。

大卫：你喜欢玩什么？

小云：我喜欢跳皮筋。

大卫：你喜欢玩积木吗？

小云：喜欢。

大卫：我们一起玩吧！

我不喜欢玩遥控汽车。

木车(車)皮们(們)汽

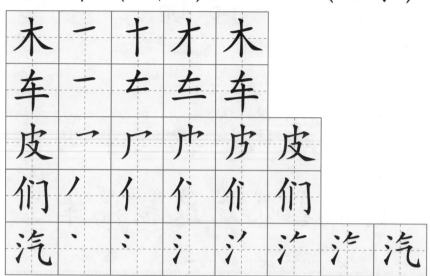

木	一	十	才	木	
车	一	上	车	车	
皮	フ	厂	户	皮	皮
们	ノ	亻	亻	们	们
汽	丶	氵	氵	汩	汽

liàn xí
练 习

kàn tú   dú yì dú
一、看 图，读 一 读。

jī mù
积 木

pí xié
皮 鞋

mù mǎ
木 马

qì chē
汽 车

二、
tā men shuō de duì bú duì
它们说得对不对？

pí dì yī huà shì
皮，第一画是一。

qì dì liù huà shì
汽，第六画是一。

wèi dì sì huà shì
为，第四画是、。

chē dì èr huà shì
车，第二画是乚。

三、
dú jù zi shuō jù zi
读句子，说句子。

wǒ bù xǐ huān wán yáo kòng qì chē
我不喜欢玩遥控汽车。

xiǎo yún bù xǐ huān tī zú qiú
小云不喜欢踢足球。

dà wèi bù xǐ huān tiào wǔ
大卫不喜欢跳舞。

mā ma bù xǐ huān
妈妈不喜欢_____

bù xǐ huān
_____不喜欢_____

97

19 小猫 小狗
xiǎo māo　xiǎo gǒu

小云：这只小花猫是你家的吗？
xiǎo yún　zhè zhī xiǎo huā māo shì nǐ jiā de ma

大卫：是我家的。
dà wèi　shì wǒ jiā de

小云：它很可爱。
xiǎo yún　tā hěn kě ài

dà wèi 　　　nà tiáo xiǎo bái gǒu shì nǐ jiā de ma
大卫：那条小白狗是你家的吗？

xiǎo yún 　　shì wǒ jiā de
小云：是我家的。

dà wèi 　　tā hěn hǎo wán
大卫：它很好玩。

它很可爱。

只(隻)可花条(條)很

只	丶	口	口	只	只		
可	一	丆	可	可	可		
花	一	十	艹	艹	花	花	
条	丿	夂	夂	冬	条	条	
很	丿	彳	彳	彳	律	很	很

练习

lián xí

zhǎo yì zhǎo   dú yì dú

一、找一找，读一读。

二、<ruby>看<rt>kàn</rt></ruby> <ruby>图<rt>tú</rt></ruby>，<ruby>读<rt>dú</rt></ruby> <ruby>一<rt>yì</rt></ruby> <ruby>读<rt>dú</rt></ruby>。

<ruby>一<rt>yì</rt></ruby> <ruby>只<rt>zhī</rt></ruby> <ruby>鸟<rt>niǎo</rt></ruby>

<ruby>一<rt>yì</rt></ruby> <ruby>只<rt>zhī</rt></ruby> <ruby>猫<rt>māo</rt></ruby>

<ruby>一<rt>yì</rt></ruby> <ruby>条<rt>tiáo</rt></ruby> <ruby>鱼<rt>yú</rt></ruby>

<ruby>一<rt>yì</rt></ruby> <ruby>条<rt>tiáo</rt></ruby> <ruby>狗<rt>gǒu</rt></ruby>

三、<ruby>读<rt>dú</rt></ruby> <ruby>句<rt>jù</rt></ruby> <ruby>子<rt>zi</rt></ruby>，<ruby>说<rt>shuō</rt></ruby> <ruby>句<rt>jù</rt></ruby> <ruby>子<rt>zi</rt></ruby>。

<ruby>它<rt>tā</rt></ruby> <ruby>很<rt>hěn</rt></ruby> <ruby>可<rt>kě</rt></ruby> <ruby>爱<rt>ài</rt></ruby>。

<ruby>玩<rt>wán</rt></ruby> <ruby>具<rt>jù</rt></ruby> <ruby>娃<rt>wá</rt></ruby> <ruby>娃<rt>wa</rt></ruby> <ruby>很<rt>hěn</rt></ruby> <ruby>好<rt>hǎo</rt></ruby> <ruby>玩<rt>wán</rt></ruby>。

<ruby>香<rt>xiāng</rt></ruby> <ruby>蕉<rt>jiāo</rt></ruby> <ruby>很<rt>hěn</rt></ruby> <ruby>好<rt>hǎo</rt></ruby> <ruby>吃<rt>chī</rt></ruby>。

—— <ruby>很<rt>hěn</rt></ruby> ——

20 野生动物园

yě shēng dòng wù yuán
野 生 动 物 园

dà wèi　　　　lǎo shī，　　zuó tiān wǒ men qù yě shēng
大卫：老师，昨天我们去野生

dòng wù yuán le
动物园了。

lǎo shī　　　　nǐ men dōu kàn jiàn le shén me
老师：你们都看见了什么？

dà wèi　　　　wǒ kàn jiàn le sān tóu yě niú
大卫：我看见了三头野牛。

tā men zài chī cǎo
它们在吃草。

海伦：我看见了五只羚羊。
它们在奔跑。

小云：我看见了六匹斑马。
斑马真漂亮。

斑马真漂亮。

马（馬）牛头（頭）羊真

马	フ	马	马						
牛	ノ	二	二	牛					
头	丶	丷	三	头	头				
羊	丶	丷	三	羊	兰	羊			
真	一	十	广	古	市	市	直	直	真	真

练习
liàn xí

一、找一找，读一读。
zhǎo yì zhǎo　dú yì dú

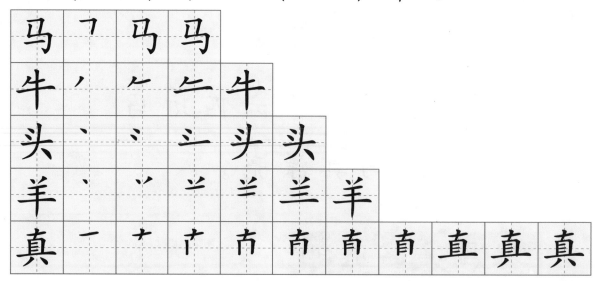

mǎ
马

niú
牛

yáng
羊

104

dú yì dú
二、读一读。

sān tóu yě niú
三 头 野 牛

liù zhī shān yáng
六 只 山 羊

sì pǐ dà mǎ
四 匹 大 马

qī tiáo xiǎo yú
七 条 小 鱼

wǔ zhī bái tù
五 只 白 兔

bā tiáo huā gǒu
八 条 花 狗

dú jù zi shuō jù zi
三、读句子，说句子。

bān mǎ zhēn piào liang
斑 马 真 漂 亮 。

méi huā lù zhēn hǎo kàn
梅 花 鹿 真 好 看 。

bái tù zhēn kě ài
白 兔 真 可 爱 。

xiǎo bái gǒu zhēn
小 白 狗 真 _____

zhēn
_____ 真 _____

21 　　　<ruby>猜<rt>cāi</rt></ruby> <ruby>一<rt>yì</rt></ruby> <ruby>猜<rt>cāi</rt></ruby>

<ruby>小云<rt>xiǎo yún</rt></ruby>：<ruby>什么<rt>shén me</rt></ruby><ruby>动物<rt>dòng wù</rt></ruby><ruby>的<rt>de</rt></ruby><ruby>鼻子<rt>bí zi</rt></ruby><ruby>长<rt>cháng</rt></ruby>？

<ruby>大卫<rt>dà wèi</rt></ruby>：<ruby>大象<rt>dà xiàng</rt></ruby><ruby>的<rt>de</rt></ruby><ruby>鼻子<rt>bí zi</rt></ruby><ruby>长<rt>cháng</rt></ruby>。

<ruby>小云<rt>xiǎo yún</rt></ruby>：<ruby>什么<rt>shén me</rt></ruby><ruby>动物<rt>dòng wù</rt></ruby><ruby>的<rt>de</rt></ruby><ruby>尾巴<rt>wěi ba</rt></ruby><ruby>短<rt>duǎn</rt></ruby>？

<ruby>大卫<rt>dà wèi</rt></ruby>：<ruby>兔子<rt>tù zi</rt></ruby><ruby>的<rt>de</rt></ruby><ruby>尾巴<rt>wěi ba</rt></ruby><ruby>短<rt>duǎn</rt></ruby>。

<ruby>小云<rt>xiǎo yún</rt></ruby>：<ruby>什么<rt>shén me</rt></ruby><ruby>动物<rt>dòng wù</rt></ruby><ruby>的<rt>de</rt></ruby><ruby>羽毛<rt>yǔ máo</rt></ruby><ruby>最<rt>zuì</rt></ruby><ruby>好看<rt>hǎo kàn</rt></ruby>？

<ruby>大卫<rt>dà wèi</rt></ruby>：<ruby>孔雀<rt>kǒng què</rt></ruby><ruby>的<rt>de</rt></ruby><ruby>羽毛<rt>yǔ máo</rt></ruby><ruby>最<rt>zuì</rt></ruby><ruby>好看<rt>hǎo kàn</rt></ruby>。

孔雀的羽毛最好看。

巴 长(長) 毛 羽 尾

dú yì dú
一、读 一 读。

kǒng què　　　yǔ máo　　　wěi ba　　　cháng
孔 雀　　　羽 毛　　　尾 巴　　　长

dà xiàng　　　bí zi　　　hǎo kàn　　　duǎn
大 象　　　鼻 子　　　好 看　　　短

二、<ruby>读<rt>dú</rt></ruby> <ruby>一<rt>yì</rt></ruby> <ruby>读<rt>dú</rt></ruby> <ruby>它<rt>tā</rt></ruby> <ruby>们<rt>men</rt></ruby> <ruby>说<rt>shuō</rt></ruby> <ruby>的<rt>de</rt></ruby> <ruby>话<rt>huà</rt></ruby>。

<ruby>我<rt>wǒ</rt></ruby> <ruby>的<rt>de</rt></ruby> <ruby>羽<rt>yǔ</rt></ruby> <ruby>毛<rt>máo</rt></ruby> <ruby>漂<rt>piào</rt></ruby> <ruby>亮<rt>liang</rt></ruby>。

<ruby>我<rt>wǒ</rt></ruby> <ruby>的<rt>de</rt></ruby> <ruby>尾<rt>wěi</rt></ruby> <ruby>巴<rt>ba</rt></ruby> <ruby>短<rt>duǎn</rt></ruby>。

<ruby>我<rt>wǒ</rt></ruby> <ruby>的<rt>de</rt></ruby> <ruby>鼻<rt>bí</rt></ruby> <ruby>子<rt>zi</rt></ruby> <ruby>长<rt>cháng</rt></ruby>。

三、<ruby>读<rt>dú</rt></ruby> <ruby>句<rt>jù</rt></ruby> <ruby>子<rt>zi</rt></ruby>，<ruby>说<rt>shuō</rt></ruby> <ruby>句<rt>jù</rt></ruby> <ruby>子<rt>zi</rt></ruby>。

<ruby>孔<rt>kǒng</rt></ruby> <ruby>雀<rt>què</rt></ruby> <ruby>的<rt>de</rt></ruby> <ruby>羽<rt>yǔ</rt></ruby> <ruby>毛<rt>máo</rt></ruby> <ruby>最<rt>zuì</rt></ruby> <ruby>好<rt>hǎo</rt></ruby> <ruby>看<rt>kàn</rt></ruby>。

<ruby>长<rt>cháng</rt></ruby> <ruby>颈<rt>jǐng</rt></ruby> <ruby>鹿<rt>lù</rt></ruby> <ruby>的<rt>de</rt></ruby> <ruby>个<rt>gè</rt></ruby> <ruby>子<rt>zi</rt></ruby> <ruby>最<rt>zuì</rt></ruby> <ruby>高<rt>gāo</rt></ruby>。

<ruby>长<rt>cháng</rt></ruby> <ruby>尾<rt>wěi</rt></ruby> <ruby>猴<rt>hóu</rt></ruby> <ruby>的<rt>de</rt></ruby> <ruby>尾<rt>wěi</rt></ruby> <ruby>巴<rt>ba</rt></ruby> <ruby>最<rt>zuì</rt></ruby> <ruby>长<rt>cháng</rt></ruby>。

————<ruby>最<rt>zuì</rt></ruby>————。

22　好看的衣服
hǎo kàn de yī fu

大卫：妈妈，这件衣服真好看。
dà wèi　　mā ma，zhè jiàn yī fu zhēn hǎo kàn

妈妈：这是中国朋友送的。
mā ma　　zhè shì zhōng guó péng yǒu sòng de

　　　　我很喜欢。
　　　　wǒ hěn xǐ huān

大卫：这上面是什么花？
dà wèi　　zhè shàng miàn shì shén me huā

　　　　真漂亮。
　　　　zhēn piào liang

妈妈：这是牡丹花。
mā ma　　zhè shì mǔ dān huā

　　　　中国的牡丹花很有名。
　　　　zhōng guó de mǔ dān huā hěn yǒu míng

这上面是什么花？

友衣件妈(媽)朋

友	一	ナ	方	友		
衣	、	一	六	衤	亽	衣
件	ノ	亻	仁	仵	作	件
妈	乚	女	女	如	妈	妈
朋	ノ	刀	月	月	朋	朋 朋

练 习

一、看图，读一读。

xiǎo niǎo
小鸟

mǔ dān huā
牡丹花

mā ma
妈妈

xiǎo péng yǒu
小朋友

dú jù zi　　shuō jù zi
三、读句子，说句子。

zhè shàng miàn shì shén me huā
这 上 面 是 什 么 花 ？

nǐ xǐ huān shén me dòng wù
你 喜 欢 什 么 动 物 ？

xiào yuán lǐ yǒu shén me shù
校 园 里 有 什 么 树 ？

shū bāo lǐ yǒu shén me shū
书 包 里 有 什 么 书 ？

shén me
_____ 什 么 _____

23　吃饼干

小云：　妈妈，我饿了。

妈妈：　你吃巧克力，

　　　　还是吃饼干？

小云：　我吃饼干。

妈妈：　你再喝一杯果汁吧！

小云：　我不喝果汁，喝牛奶。

我饿了。

力 干(乾) 奶 吃 再

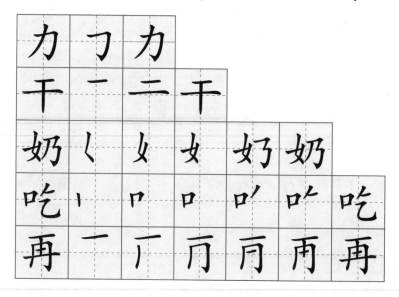

练 习

一、看 图，读 准 字 音。

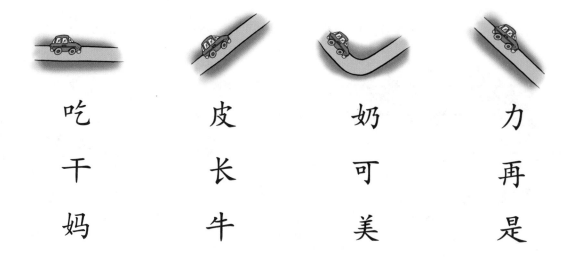

吃	皮	奶	力
干	长	可	再
妈	牛	美	是

二、看图，读一读。

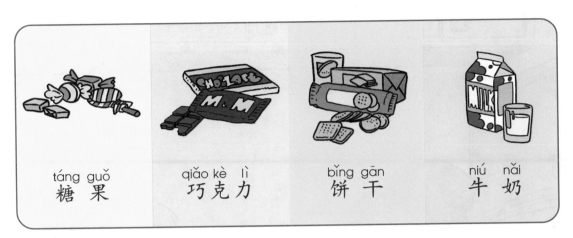

| tánɡ ɡuǒ | qiǎo kè lì | bǐnɡ ɡān | niú nǎi |
| 糖 果 | 巧克力 | 饼 干 | 牛 奶 |

| pāi pí qiú | chī shuǐ ɡuǒ | hē ɡuǒ zhī | kàn mǔ dān huā |
| 拍皮球 | 吃水果 | 喝果汁 | 看牡丹花 |

三、读句子，说句子。

dú jù zi   shuō jù zi

wǒ è le
我 饿 了 。

tā kū le
他 哭 了 。

huā er kāi le
花 儿 开 了 。

niǎo er
鸟 儿 _____

24 做中国菜

爸爸：你在做什么？

妈妈：我在做中国菜。

爸爸：你在做什么中国菜？

妈妈：清蒸鱼和红烧肉。

大卫：我爱吃清蒸鱼。

爸爸：我爱吃红烧肉。

我爱吃清蒸鱼。

肉 国（國）爱（愛）做 菜

肉	丿	冂	内	内	肉	肉			
国	丨	冂	冂	同	用	国	国	国	
爱	丶	爫	爫	爫	爫	爫	严	旁	爱
做	丿	亻	亻	什	什	估	估	做	做	做
菜	一	十	艹	艹	芯	芯	苹	苹	苹	菜

liàn xí
练 习

shuō bǐ shùn   zài zhǎo bǐ huà shù
一、说笔顺，再找笔画数。

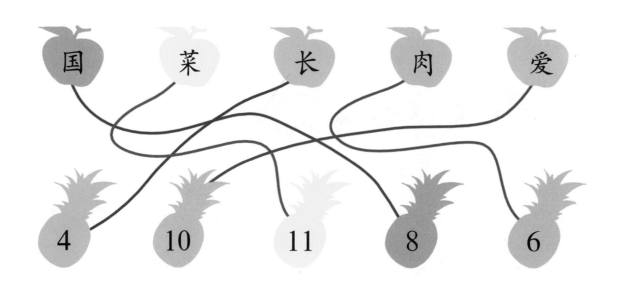

120

二、看图，读一读。

shū cài
蔬 菜

miàn bāo
面 包

qīng zhēng yú
清 蒸 鱼

hóng shāo ròu
红 烧 肉

dú jù zi　　shuō jù zi
三、读句子，说句子。

wǒ ài chī qīng zhēng yú
我 爱 吃 清 蒸 鱼 。

bà ba ài chī hóng shāo ròu
爸 爸 爱 吃 红 烧 肉 。

mā ma ài tán diàn zǐ qín
妈 妈 爱 弹 电 子 琴 。

　　　　　　ài
_____ 爱 _____

25 在冰淇淋店里
zài bīng qí lín diàn lǐ

爸 爸： 我买冰淇淋。
bà ba wǒ mǎi bīng qí lín

售货员： 买哪一种？
shòu huò yuán mǎi nǎ yì zhǒng

爸 爸： 大卫，你要哪一种？
bà ba dà wèi nǐ yào nǎ yì zhǒng

大　卫： 我要香蕉冰淇淋。

售货员： 香蕉冰淇淋卖完了。

大　卫： 就买草莓的吧。

我买冰淇淋。

冰买（買）卖（賣）种（種）哪

冰	丶	冫	汋	习	冰	冰		
买	乛	乛	乛	乛	买	买		
卖	一	十	吉	吉	吉	声	寿	卖
种	丶	二	千	禾	禾	禾	和	和	种
哪	丨	口	口	叮	叼	叼	呐	哪	哪

liàn xí

练 习

dú yì dú   xiǎng yì xiǎng

一、读一读，想一想。

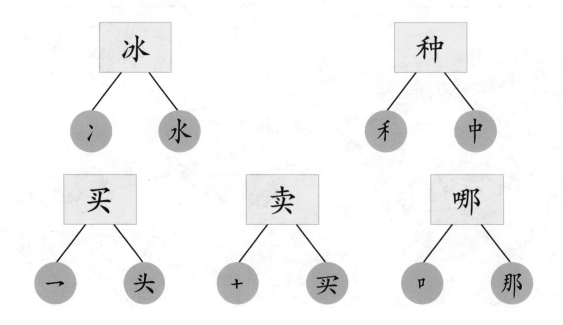

124

xiāng jiāo
买香蕉　　　　　　　　　　　卖水果

dǎo wēng
不倒翁在哪里？

dǎo wēng
不倒翁在那里。

dú jù zi　　shuō jù zi
三、读句子，说句子。

wǒ mǎi bīng qí lín
我买冰淇淋。

mā ma mǎi xiāng cháng
妈妈买香肠。

bà ba mǎi bǐng gān hé qiǎo kè lì
爸爸买饼干和巧克力。

mǎi
————买————

26 买 游 泳 衣
mǎi yóu yǒng yī

妈妈：你要买什么？
mā ma　　nǐ yào mǎi shén me

小云：我要买游泳衣。
xiǎo yún　　wǒ yào mǎi yóu yǒng yī

妈妈：你喜欢什么颜色的？
mā ma　　nǐ xǐ huān shén me yán sè de

小云：我喜欢红色的。
xiǎo yún　　wǒ xǐ huān hóng sè de

妈妈：你看这件怎么样？
mā ma　　nǐ kàn zhè jiàn zěn me yàng

小云：这件很好。多少钱？
xiǎo yún　　zhè jiàn hěn hǎo　　duō shǎo qián

妈妈：十美元。
mā ma　　shí měi yuán

我要买游泳衣。

元 少 色 多 要

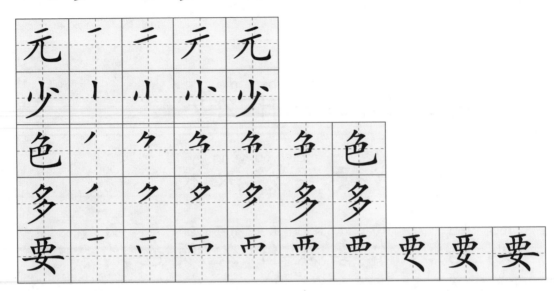

liàn xí
练 习

dú yì dú
一、 读一读。

很好　　游泳衣　　红色的
yóu yǒng

什么　　十美元　　多少钱
qián

二、看图，比一比，读一读。

天鹅大，鸭子小。

鸭子多，天鹅少。

dú jù zi shuō jù zi
三、读句子，说句子。

wǒ yào mǎi yóu yǒng yī
我 要 买 游 泳 衣 。

hǎi lún yào mǎi yùn dòng xié
海 伦 要 买 运 动 鞋 。

mā ma yào mǎi yú hé qīng cài
妈 妈 要 买 鱼 和 青 菜 。

yào mǎi
_____ 要 买 _____

129

27 在自选商场

海伦：爸爸，快来看。

这里的文具盒真漂亮。

爸爸：是很漂亮。

你喜欢哪一个？

海伦：我喜欢那个绿色的。

爸爸：好，你拿着。

我们去付款。

我们去付款。

去 自 来(來) 爸 拿

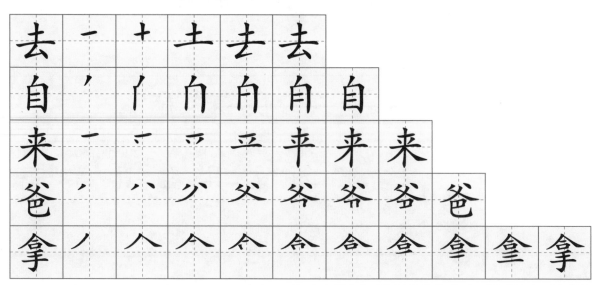

去	一	十	土	去	去
自	′	亻	自	自	自	自
来	一	二	平	平	来	来
爸	′	八	少	父	谷	爷	爸	爸
拿	ノ	人	个	合	合	合	拿	拿	拿

kàn tú　　dú yì dú

一、看图，读一读。

二、
tā men shuō de duì bú duì
他们说得对不对？

huà dì
自，六画，第一画是丿。

元，四画，第四画是乚。

爸，八画，第六画是丨。

拿，十画，第三画是一。

三、
dú jù zi   shuō jù zi
读句子，说句子。

wǒ men qù fù kuǎn
我们去付款。

wǒ men qù dǎ qiú
我们去打球。

wǒ men qù yóu yǒng
我们去游泳。

xiǎo yún hé dà wèi qù shàng xué
小云和大卫去上学。

qù
———去———

28 祝你生日快乐
zhù nǐ shēng rì kuài lè

大卫： 今天我很高兴。
dà wèi　　jīn tiān wǒ hěn gāo xìng

小云： 你有什么高兴的事？
xiǎo yún　　nǐ yǒu shén me gāo xìng de shì

大卫： 今天是我的生日。
dà wèi　　jīn tiān shì wǒ de shēng rì

小云： 祝你生日快乐！

大卫： 谢谢。晚上请来我家玩。

小云： 好。我一定去。

祝你生日快乐！

日 今 乐（樂）兴（興）高

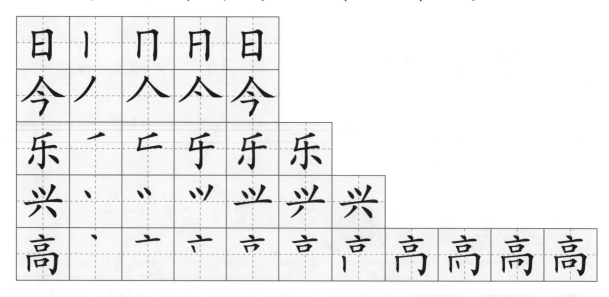

日	丨	冂	月	日				
今	丿	人	仐	今				
乐	一	仁	乐	乐	乐			
兴	丶	⺍	⺍	兴	兴	兴		
高	丶	亠	亠	亠	声	高	高	高

àn xù hào dú yì dú
一、按序号读一读。

你　乐　祝　生　快　日

二、 说说笔顺和笔画数。
shuō shuo bǐ shùn hé bǐ huà shù

rì   lè   gāo   xìng   jīn
日   乐   高   兴   今

三、 读句子, 说句子。
dú jù zi   shuō jù zi

zhù nǐ shēng rì kuài lè
祝 你 生 日 快 乐!

zhù lǎo shī shēng rì kuài lè
祝 老 师 生 日 快 乐!

zhù mā ma shēn tǐ jiàn kāng
祝 妈 妈 身 体 健 康!

zhù
祝 _____

137

29 请来我家玩

qǐng lái wǒ jiā wán
请 来 我 家 玩

xiǎo yún   dà wèi   qǐng lái wǒ jiā wán
小 云：大 卫， 请 来 我 家 玩。

wǒ gěi nǐ kàn yí gè xīn wán jù
我 给 你 看 一 个 新 玩 具。

dà wèi   shì shén me wán jù
大 卫：是 什 么 玩 具？

xiǎo yún   shì gè kě ài de dà xióng māo
小 云：是 个 可 爱 的 大 熊 猫。

dà wèi   zài nǎ er mǎi de
大 卫：在 哪 儿 买 的？

xiǎo yún   shì wǒ bà ba cóng zhōng guó dài lái de
小 云：是 我 爸 爸 从 中 国 带 来 的。

tā hěn hǎo wán
它 很 好 玩。

dà wèi   hǎo
大 卫：好。

wǒ míng tiān jiù qù
我 明 天 就 去。

请 来 我 家 玩。

139

儿（兒）从（從）它 具 明

儿	ノ	儿					
从	ノ	人	从	从			
它	丶	宀	宀	它			
具	丨	冂	月	月	且	具	具
明	丨	冂	月	日	明	明	明

练 习

liàn xí

kàn yí kàn　　dú yì dú
一、看一看，读一读。

xióng māo
玩具大熊猫

dǎo wēng
不倒翁

yáo kòng
遥控汽车

jī
积木

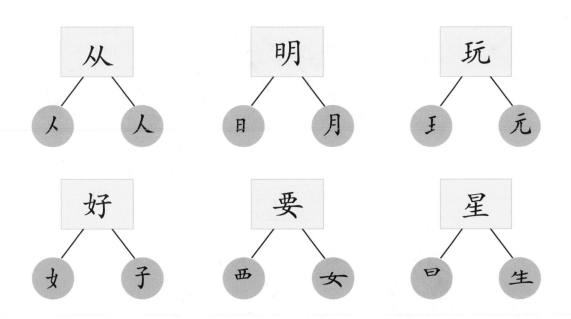

二、
dú yì dú xiǎng yì xiǎng
读一读，想一想。

从 —— 人 人

明 —— 日 月

玩 —— 王 元

好 —— 女 子

要 —— 西 女

星 —— 日 生

三、
dú jù zi shuō jù zi
读句子，说句子。

qǐng lái wǒ jiā wán
请来我家玩。

qǐng hē zhōng guó chá
请喝中国茶。

qǐng dào měi guó lǚ yóu
请到美国旅游。

qǐng
请 _____

30 去 游 泳

海伦： 小云，明天是星期天。
我到海边去游泳。
请你一起去。

小云： 好的。
大卫去吗？

海伦： 他也去。

小云： 几点钟到那里？

海伦： 上午十点。

明天是星期天。

几(幾)也午他点(點)

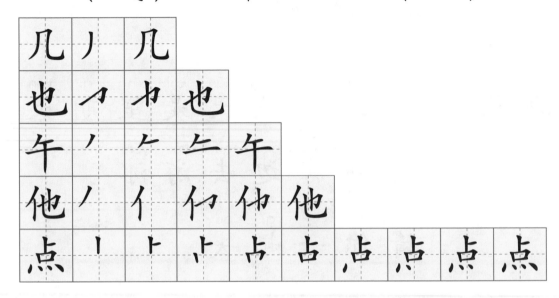

几	丿	几
也	乛	也	也
午	丿	乍	午	午
他	丿	亻	彳	伷	他
点	丨	卜	占	占	占	点	点	点	点

lián xí
练 习

kàn tú dú yì dú
一、看 图，读 一 读。

他也是美国人。

你是中国人。
我是美国人。

144

二、读一读。
dú yì dú

爸爸　　　　妈妈　　　　奶奶

上午　　　　中午　　　　下午

zuó
昨天　　　　今天　　　　明天

三、读句子，说句子。
dú jù zi   shuō jù zi

míng tiān shì xīng qī tiān
明天是星期天。

jīn tiān shì xīng qī liù
今天是星期六。

zuó tiān shì xīng qī wǔ
昨天是星期五。

míng tiān shì mǔ qīn jié
明天是母亲节。

jīn tiān shì
今天是_____

dú yì dú
一、读一读。

—	／	∨	＼	qīng shēng 轻声

tā　nán　nǔ　ròu　le

huā　yáng　niǎo　cài　me

dú yì dú　　shuō shuo hóng sè bǐ huà de míng chēng
二、读一读，说说红色笔画的名称。

鸟 买 这 乐 那 几 长

dú yì dú
三、读一读。

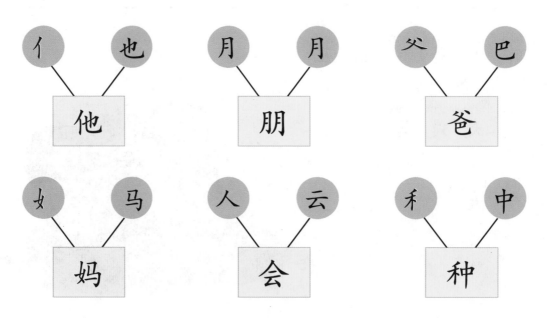

四、说偏旁，读字音。

纟 —— 红

艹 —— 花　菜

口 —— 只　叫　吃

亻 —— 什　们　件　做

五、找到意思相反的词，再读一读。

大　　多　　上　　来　　买

少　　小　　去　　卖　　下

六、 kàn tú dú yì dú 看 图 ， 读 一 读 。

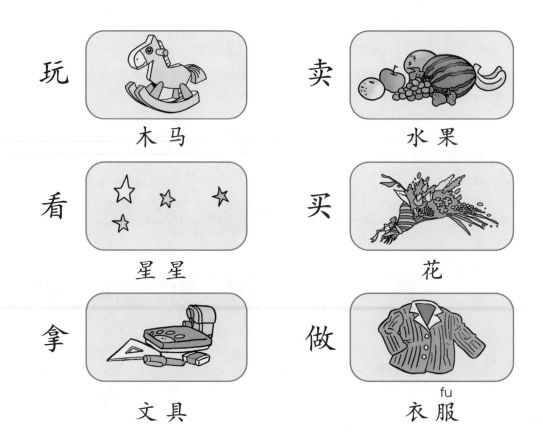

玩　木 马

卖　水 果

看　星 星

买　花

拿　文 具

做　衣 服 (fu)

七、 dú yì dú　shuō yì shuō 读 一 读 ， 说 一 说 。

zhè shì shén me
这 是 什 么 ？

zhè shì shān yáng
这 是 山 羊 。

nà shì shén me
那 是 什 么 ？

nà shì
那 是 ＿＿＿

gōng yuán lǐ de huā zhēn hǎo kàn
公 园 里 的 花 真 好 看 。

zhēn
＿＿＿ 真 ＿＿＿＿

míng tiān shì shèng dàn jié
明 天 是 圣 诞 节 。

jīn tiān shì
今 天 是 ＿＿＿＿

zhù nǐ jié rì kuài lè
祝 你 节 日 快 乐 ！

zhù
祝 ＿＿＿＿＿

八、猜一猜。

yún ér jiàn tā ràng lù
云 儿 见 它 让 路，

xiǎo shù jiàn tā zhāo shǒu
小 树 见 它 招 手，

hé miáo jiàn tā wān yāo
禾 苗 见 它 弯 腰，

huā ér jiàn tā diǎn tóu
花 儿 见 它 点 头。

生 字 表

1	大 dà	小 xiǎo			
2	上 shàng	文 wén	白 bái		
3	下 xià	见(見) jiàn	天 tiān		
4	人 rén	三 sān	口 kǒu		
5	卫(衛) wèi	云(雲) yún	中 zhōng		
6	工 gōng	不 bù	生 shēng		
7	了 le	五 wǔ	四 sì		
8	一 yī	个(個) gè	女 nǚ		
9	水 shuǐ	西 xī	果(菓) guǒ		
10	用 yòng	有 yǒu	红(紅) hóng		
11	二 èr	七 qī	八 bā	九 jiǔ	十 shí	六 liù
12	么(麼) me	什 shén	足 zú	我 wǒ	
13	月 yuè	和 hé	的 de	星 xīng	
14	飞(飛) fēi	鸟(鳥) niǎo	在 zài	鱼(魚) yú	

15	lǐ 里(裏)	nǐ 你	měi 美	kàn 看	
16	zǐ 子	diàn 电(電)	huì 会(會)	zhè 这(這)	shì 是
17	wèi 为(為)	jiào 叫	nà 那	hǎo 好	wán 玩
18	mù 木	chē 车(車)	pí 皮	men 们(們)	qì 汽
19	zhī 只(隻)	kě 可	huā 花	tiáo 条(條)	hěn 很
20	mǎ 马(馬)	niú 牛	tóu 头(頭)	yáng 羊	zhēn 真
21	bā 巴	cháng 长(長)	máo 毛	yǔ 羽	wěi 尾
22	yǒu 友	yī 衣	jiàn 件	mā 妈(媽)	péng 朋
23	lì 力	gān 干(乾)	nǎi 奶	chī 吃	zài 再
24	ròu 肉	guó 国(國)	ài 爱(愛)	zuò 做	cài 菜
25	bīng 冰	mǎi 买(買)	mài 卖(賣)	zhǒng 种(種)	nǎ 哪
26	yuán 元	shǎo 少	sè 色	duō 多	yào 要
27	qù 去	zì 自	lái 来(來)	bà 爸	ná 拿
28	rì 日	jīn 今	lè 乐(樂)	xìng 兴(興)	gāo 高
29	ér 儿(兒)	cóng 从(從)	tā 它	jù 具	míng 明
30	jǐ 几(幾)	yě 也	wǔ 午	tā 他	diǎn 点(點)

(共126字)

词 语 表

1	大 小	你 好 我 叫
2	白 上	老师 同学们 学生 是 教 你们 中文 现在 上课
3	见 下 天	再见 下课 谢谢 明天
4	三 口 人	家 有 几 都 谁 爸爸 妈妈 和
5	中 云	中国 的 美国 也 刚 来
6	工 生 不	他 工程师 医生 吗
7	了 四 五	会 写 回来 啦 今天 学 什么 个 汉字 词
8	一 个 女	她 名字 认识 新 朋友 男孩 女孩
9	水 水果 西	吃 香蕉 西瓜
10	有 红 用	借 彩笔 这 彩色 铅笔 没有 绿
11	二 六 七 八 九 十	拍 皮球 我们 数
12	我 什么	喜欢 踢 足球 玩 球 打 乒乓球 网球
13	月 和 星星 的	月亮 天上 什么样 弯弯 亮闪闪
14	鱼 鸟 在 天上 飞	哪里 里 游
15	美 里 你 看	大海 真 这里 看到 蓝色 海水 浪花 还 海鸥 远处 呢 轮船 帆船
16	电 这 是 会	电子琴 弹

17	那 为 为什么 叫 好玩 好玩	不倒翁 它 推 倒 试
18	我们 车 汽车 皮木	一起 遥控 跳 皮筋 积木 吧
19	只 花 很 条	猫 狗 可爱
20	你们 看见 头 牛 羊 马 真	野生 动物园 昨天 去 野牛 它们 草 羚羊 奔跑 匹 斑马 漂亮
21	长 尾巴 毛 羽毛 好看	猜 动物 鼻子 大象 短 兔子 最 孔雀
22	妈妈 件 朋友	衣服 送 上面 牡丹花 有名
23	吃 力 干 再 牛奶	饼干 饿 巧克力 还是 喝 杯 果汁
24	做 中国 菜 肉 爱	清蒸鱼 红烧肉
25	冰 买 哪 种 卖	冰淇淋 店 要 完 就 草莓
26	要 红色 多少 多少 元 美元	游泳衣 颜色 怎么样 钱
27	爸爸 来 这里 拿 去	自选 商场 快 文具盒 绿色 拿着 付款
28	日 生日 今天 高	高兴 祝 快乐 事 晚上 请 一定
29	玩具 可爱 哪儿 从 它 明天	给 大熊猫 带
30	他 也 几 那里 上午 点	游泳 星期天 海边 钟

汉字笔画名称表

笔画	名称	例字	笔画	名称	例字
丶	点	六	㇏	斜钩	我
一	横	大	㇗	竖提	很
丨	竖	上	㇄	竖弯	四
丿	撇	文	㇜	撇折	云
丶	捺	人	㇛	撇点	女
㇀	提	红	㇆	横折钩	卫
㇇	横钩	你	㇄	竖弯钩	见
㇕	横折	白	㇙	竖折折钩	鸟
㇕	横撇	水	㇋	横折折撇	这
㇙	竖折	叫	㇟	横撇弯钩	那
㇚	竖钩	小	㇍	横折弯钩	九
㇚	弯钩	了	㇡	横折折折钩	奶